JN440969

난 지금 손 씻기를 망설이고 있어

난 지금 손 씻기를 망설이고 있어

초판 1쇄 발행 2025년 12월 20일

지은이 윤선태
펴낸이 장길수
펴낸곳 지식과감성#
출판등록 제2012-000081호

교정 정은솔
디자인 이현
편집 이현
검수 이주연
마케팅 김윤길

주소 서울시 금천구 벚꽃로298 대륭포스트타워6차 1212호
전화 070-4651-3730~4
팩스 070-4325-7006
이메일 ksbookup@naver.com
홈페이지 www.knsbookup.com

ISBN 979-11-392-2978-3(03810)
값 11,000원

난 지금 손 씻기를 망설이고 있어

윤선태 시집

지식과감성#

작가의 말

단풍이 들자

넘치는 말, 말, 말

그 말속의 말이 고프다

제1부
봄의 말들

제2부
여름의 말들

제3부
가을의 말들

제4부
겨울의 말들

제5부
그리고 못다 한 말들

제1부

봄의 말들

봄, 이젠 말하고 싶어

새싹이 막 움틀 때
못난 내 영혼만
첩첩산중으로 밀려갔던 상황에 대하여
이젠 말하고 싶어

처음엔 별일 아닐 거로 생각했어
거기도 보통 사람 살며
해 뜨고 바람 부는 곳
날것의 마음으로 길 위에 서리라 마음먹었지

그러나 꽃샘추위에도 힘없이 흔들렸고
꽃 피고 지는 늦봄까지 짝 잃은 원앙으로
물 위를 기름방울처럼 둥둥
떠다니는 기분이었어

여기저기 부딪치며 깨져 보았지만
마음은 항상 그대 곁에 가 있어

지낼수록 고개 드는 그리움
방석 밑에 숨겨 두어야 했지

한겨울까지 억지로 보내고 돌아와
새 생명을 노래해야 어울리는
이 따스한 봄 길 위에서
내 넋두리만 풀어 놓아 정말 미안해

하고 싶은 말 아직 많지만
당신이 싫증 낼지 두려워 이만 줄이고
여름 길에서 마저 말할게
그때까지 안녕!

난 지금 손 씻기를 망설이고 있어

봄날의 유채꽃 길이었어
나란히 걷다가 조심스럽게 처음 잡아 본 손
전해오는 부드러움과 따스함에
두근두근 가슴이 울려왔지

아쉬웠던 미련 조금은 채우겠다 싶어
잡은 손 놓기 싫었는데
유채꽃 같은 미소 머금은 그대는
이만하면 되었다며 거기까지만

진한 느낌 하나
깊은 울림 하나
손끝에, 가슴에 남기며 못내 서운하게
잡힌 손 거두어들였지

그 순간 문신처럼 새겨진 그 여운
닦일까 아쉬워
지워질까 두려워
난 지금 손 씻기를 망설이고 있어

꽃과 벌

따스한 봄날
꽃이 있는 곳에는 어김없이
벌들이 춤추며 어울리지

그런 꽃과 벌은 우리처럼
겉모습만 알고 눈인사만 나누는
무덤덤한 사이 아니야

꽃을 만난 벌은 꽃잎에 내려앉아
속으로 파고들며 정까지 주려고
끊임없이 노력하지

벌을 맞이한 꽃도
빗장을 풀며 어화둥둥
인연으로 모든 걸 받아들이고

꽃과 벌이 행복을 누리는 이 봄
내가 가꿔 온 나만의 꽃밭에 그대를
사랑의 벌로 모시고 싶소

세상은 인연 없는 사람들로 넘치네

명퇴 후 살아가는 삶
구속받던 생활에서 벗어나
한껏 게으름 피우며
자유를 만끽한다지만
어디 오라는 곳도
갈 곳도 마땅치 않아
남는 게 그놈의 시간이네

나름 잘 굴러가던 생활이었지만
민폐일까 봐 이젠
연락도 제대로 못 하고
숨죽인 핸드폰만 만지작거리며
회상에 젖는 늦는 오후
살랑이는 봄바람에
사람들 발걸음 가벼웠지

인정하고 싶지 않은
혼자만의 초라한 생활
그것은 내가 기대한 삶이 아니기에
뒷산 둘레길이나
앞산 자드락길이라도 걸을까?
망설이다가 다시 스며드는 집
세상은 인연 없는 사람들로 넘치네

꽃 사진

꽃 사진만 찍고 찍어
SNS에 올리고 올리며
좀처럼 삶을 드러내지 않는
미모사 꽃 같은 그대

그 일이 그대에게는 사소함이겠지만
멀리서 몰래 훔쳐보며
그리워도 그리워할 수 없는 내게는
또 하루를 살아야 하는 중요한 이유이지

오늘은 어떤 꽃 사진일까?
설렘으로 핸드폰을 열면 어김없이
예쁜 꽃 사진 한 장 올라와 있고
그 위로 그대 얼굴 겹쳤지

꽃 사진의 흔적으로 남을 그대이지만
그래도 조금 신경 써야 할 것은 인연
사진으로는 도저히 남길 수 없는
내 사랑 꽃임을 잊지 말아줘

바람과 사랑

바람이 항상
저쪽 강가에서 시작하여
살랑살랑 물결로
강물을 건너오는 것처럼
사랑은 언제나
이쪽 강가에서 출발하여
반짝반짝 윤슬로
강물을 건너가지요

강물 위에서 만난
바람과 사랑
살랑살랑
반짝반짝
물빛 축제를 여는
참 멋진 그 물결 위
피안인 듯 어우러지는 물비늘
그대 손잡고 바라보고 싶네요

잃어버린 길 찾기

들길을 헤매보았나요?
세상을 떠돌아보았나요?
인생은 방랑의 연속이라는데 까짓
한나절 들길의 헤맴 정도가
압권일 순 없겠지요

끝없이 이어지던 길도 때로
막다른 곳에 닿을 수 있지만
사라진 길은 어디쯤에서 반드시
샛길로 이어지나니
서두르거나 당황하지 말아요

어렵게 닿은 선원사지 빈터에는
호국의 염원도 떠나가고
중생의 제도도 사라져 버린 채
발굴 흔적만 덩그러니 남아
잠시 머물며 쉴 자리도 없네요

한때는 찬란했을 선원사지 빈터에서
스러져 가는 노을을 바라보며
해인사 팔만대장경의 안부를 묻다가
그대와 나
잃어버린 길을 찾네요

평생 인연을 잇고 싶은 참 좋은 그대

늦은 만남으로
서툴고 부족했지만
사랑 하나 의지하던 그 시절

내 집 마련을 위한
낯선 시골 생활도
기꺼이 감수하던 그 시절

엄동설한 참아내고 교통사고 극복하며
겨우 마련한 서민 아파트에
처음 입주하던 그 시절

어렵게 얻은
어린 아들 손 잡고도
배불뚝이던 그 시절

퇴근 후 빈번한 회식 자리도
싫은 내색하지 않고
걱정해 주던 그 시절

그런 시절 무사히 건너
초로에 들어선 것은
내 삶의 가장 큰 행운

그 엄청난 복은
평생 인연을 잇고 싶은 참 좋은 그대
그대가 내 곁에 있었기 때문이오

이방인의 후각은 외출 중

달 뜬 밤

고요

머무는 달무리

머물지 못하는 달무리

반짝이는 별

스러지는 별똥별

스미는 아련함

아린 그 향기

이방인의 후각은 외출 중

사랑도 날 떠나나 보네

사소한 농담에도
잘 웃고

나는 새만 봐도
미소 지었는데

요즘은 통
무덤덤하네

인정하고 싶진 않지만
꽃을 보고도 메마른 감정

멋진 여인을 보고도
일지 않는 불꽃

쌓인 내 연륜이 보잘것없어
사랑도 날 떠나나 보네

화조도

새봄

만발한 꽃가지에 앉아

향기에 취한 듯

인기척 아랑곳하지 않는

사랑을 노래하며

어울리는 꽃과 새

감탄이 절로 나는

수묵의 담채, 그리고

그대와 나를 위한 여백!

아지랑이 사랑

겨우내 얼었던 몸 풀고
황톳길이나 들판의 논밭
양지에서만 태어나지요

움츠리고 지나가는 낯선 사람에게
질퍽하게 흔적을 남겨 비난받기도 합니다만
날씨가 맞아떨어지는 날이면
선녀가 하늘을 오르듯 사뿐 이륙하지요

보는 이 없어도 하늘하늘
위로만 향하는 것은 본능
오르고 오르다 어디쯤에서 소멸한다 해도
미련 한 점 없고요

오늘도 가벼운 들림으로
그대와 함께하는 꿈같은 여행을 기대하며
이른 아침 이슬방울로 촉촉한 화장 마치고
하늘바라기 하고 있네요

꽃샘추위도 받아들이고 싶네요

겨우내 쌓이고 쌓인
남루하고 투박한 겉치레
망설임 없이 떨치게 한 새봄의 그대

어제는 아랫목처럼 따스하고 포근해
눈부신 햇살 감탄하며
음지에 머문 겨울의 뒷모습을 보고도
주눅 들지 않았지요

예상한 모습이기에 애태울 일도 아니지만
오늘은 찬바람 쌩 날리는 새침데기로
절기에 맞게 제자리를 찾음에 그저
기뻐하고 감사하며 찬양할 뿐

희망을 비추며 손 내미는 이 봄 길 위
사랑을 노래하며 춤추는 아지랑이처럼
꽃샘추위도 받아들이고 싶네요

감기님 오나 봐

며칠 따뜻하기에
봄인가 싶었는데
아침에는 함박눈
점심엔 싸라기눈
저녁에는 우박이
떠나간 여인처럼
참말 변덕스럽네
덕분에 으스스한
한랭전선 생기고
겨울도 넘겼는데
어느 이른 봄날
안 오면 더 좋을
불청객이 스미네
옷깃을 파고들며
은근히 자리하네
거부할 수 없네
감기님 오나 봐!

화초

가장 편하다는 푸른색이기에
바라보고 앉아 있으면
그냥 흐뭇한 화초는
이웃에 살던 그녀를 생각나게 해

그녀는 화초를 정말 좋아했어
크고 작은 식물과 나무들이
봄 여름 가을 겨울
집 안에 즐비했었지

그러나 그녀의 작은 아파트는
늘어나는 화분을 다
수용할 수 없어 기꺼이
이웃이나 지인들과 나누곤 했지

아끼고 사랑하던 화초와
그런 나눔을 이어오다가
끝내 긴 이별을 해야 했어
지병으로 입원하게 된 까닭이었지

오랫동안 병상에 있다가
돌아온 집에는 화초가 없었어
관리하지 못한 남편이
모두 치웠기 때문이었지

그때 그녀가 느낀 허전함은 오래갔어
속상함과 아쉬움이 가득했지만
미안해하는 남편에게 이젠 괜찮다고
달래며 돌아눕곤 했지

푸르름이 사라진 그녀의 집은
가을걷이가 끝난 들판 같아
마음속 살풍경을
메꾸기 힘들어했어

그녀가 내게도 준 화초 한 분
오늘도 푸르게 푸르게
잘 자라고 있네
늦기 전에 분갈이 한번 해줄까 봐

노을 속으로 그대를 초대하오

붉은 구름과 푸른 초원 배경으로
산들바람 옷깃을 스치는 이곳은
꿈과 희망이 있는 노을 진 지평선

보여주고 싶은 노을 속 내 모습은
부끄러워 조금만 드러냈을 뿐
숨겨놓은 부분들이 더 많고요

분위기에 맞게 전하고 싶은 말도
들리는 것이 전부가 아니라
차마 하지 못한 말들이 더 중요하다오

미소 지으며 발걸음도 가볍게
이곳으로 와 보고 듣고 공감해 준다면
그대는 밤하늘 십자가처럼 빛날 것이오

제2부

여름의 말들

여름, 솜사탕 홀씨 봉우리

안녕!
어느덧 여름이네
봄 길 위에서 못다 한 이야기
이젠 말해도 될까?

내가 사는 집 마당 가
네 잎 클로버 군락 속
천생 그대 닮은 하얀 민들레꽃 한 송이
미소 짓고 있네

그 옆에 생애 첫 분가를 위해
동글동글 손에 손 잡고
떠날까, 말까 분주한
솜사탕 홀씨 봉우리

망설이는 표정이
봄 길 위 내 모습 같아
후- 입김을 불어 주니까, 순간
미소로 화답하며 분분 날기 시작하네

그대 있는 곳이라면
어디든 날고 날아
식지 않은 이 마음 대신 전해 주겠다며
훨훨 날아가고 있네

그대 사는 집 마당 가
세 잎 클로버 군락 속
하얀 민들레꽃 한 송이 피어나거든
그대에게 주고 싶은 내 마음으로 여겨줘

몰운대 오르는 길

여름 한낮 몰운대 오르는 길은
잡목 속 흉터로 박혀 있는 묘지 때문에
으스스한 풍경으로 다가와
무거운 걸음 재촉했지요

위에서 내려다보는 조감도
아래에서 올려다보는 비경도
애상의 마음으로 바라보면 쉽게 늪에 빠져
엉뚱한 길로 흐르게 마련

몰운대를 만난다는 설렘으로도
동행한 슬픔 삭이지 못하고
초행길 티 내듯 자꾸
허방다리를 짚네요

몰운대 벼랑 위에 닿기 전
늘 푸른 숲에서 있는 그대로 자신을 선보이며
품위를 잃지 않는 너럭바위처럼
한세월 그렇게 살 일인가 보네요

몰운대 금강송

검붉은 맨살 드러낸 몰운대는
끼끗한 정자 하나 지어놓고
앙상하게 말라가는 소나무 한 그루가
방문객을 맞이하고 있네요

몰운대에서 태어나 평생을 함께하다가
죽어서도 벗어나지 못하는 금강송은
시시각각 밀려왔던 비바람과 눈보라까지
온몸으로 막아내며 살아온 이력이었지요

깎아지른 벼랑에 어렵게 얻은 자손
그 어린 것이 송홧가루 분분 날리고
솔방울 매다는 헌헌장부로 자랄 때까지
참고 기다리며 자신을 지우고 있네요

삭정이를 지나 밑동까지 곰삭아
인증 사진 찍기도 무안한 지금
사람들의 가벼운 손길에도 무저항으로
쉬어 가는 구름과 선문답하고 있네요

앵앵앵

풀숲에서 즙액만 빨던 모기들
피둥피둥한 나를 보더니
웬 떡이냐고
엄청 반갑게 맞이하며 앵앵앵

오랜만에 중매쟁이 찾아왔다고
어서 침 박고 잽싸게
인연 맺어야 한다고
지랄 발광하며 앵앵앵

향을 뿌릴까?
기피제를 바를까?
망설이다가 슬그머니 자리를 피하니
서운하다고 따라붙으며 앵앵앵

밤에만 몰래 꿀과 피를 빨아
아무도 반기지 않는 미물이지만
사랑을 위해 기꺼이
목숨을 걸 줄 안다며 앵앵앵

신선봉에 올라 보게나

마음이 울적하거나
세상 혼자라고 느낄 때
세 선녀가 내려와 놀았다는 선촌리 뒷산
신선봉에 올라 보게나

가볍게 산길로 접어들면
잣나무들 연리지인 양 손잡고 있고
떨어진 잣송이 찾아 두리번거리면
입안에 고소함이 베이지

조금 더 오르면 굴참나무 숲
얕보지 마!
숨이 턱까지 차는 중턱의 된비알
낮은 포복으로 오르고 또 올라야
산이 울었다는 울업산 신선봉이야

검푸른 강물 발아래 펼치고
이 산 저 산 다가서는 조망에 끌려

안경을 닦고 한참을 멍때리다가
속마음 풀어놓기 딱 좋은 곳이지

그 높고 환한 정상에서
앞가슴 풀어 헤쳐 더위를 식히고
한소끔 푹 뜸 들이며
마음을 달래 보게나, 참 좋아
선녀와 함께라면 더 좋고

내 마음속엔 늘 그대가 숨어 있었네

나를 찾는 여행을 전제로
물도 산도 낯선 어느 산간 마을을
혼자 노량으로 지나다가
절벽 위 끼끗한 정자에 올라 보았네

자기 몸을 씻으며 흐르는 냇물은
벼랑 아래 작은 물돌이동 만들어
투명하게 펑퍼져 치어들과 놀다가
아쉬움 휘감아 다시 흐르고

곰비임비 이어오던 구릉은
냇물을 건너지 못하고
임을 여윈 여인처럼 주저앉아
앞산 바라보기만 하고 있었지

구릉 아래 바투 난 좁은 길도
고개 넘고 물 건너 구불구불
먼 옛날 소도(蘇塗)를 경외하듯
정각 뒤로 비켜 돌아가고 있더군

그런 누각에 앉아
사방 푸르름에 기대어
소태 같은 마음 땡볕에 말리니
슬그머니 떠오르는 그대 얼굴

들도 없이 산만 솟은 풍경처럼
혼자라고 믿었는데
홀가분하다고 여겼는데
내 마음속엔 늘 그대가 숨어 있었네

무사로 가장한 평온

이따금 들려오는 삿된 풍문을
한 귀로 듣고 한 귀로 흘리면
세상은 평온이 넘치지

아침에 출근한 사람들 다시 찾는 저녁 어스름
지친 모습 역력하지만 아무 일 없는 듯
회색 건물 속으로 스며들고 있네

적막에 휩싸인 건물은
고립의 희미한 불빛만 비치고, 간혹
고양이 그림자 언뜻 스쳐 지나가지

박쥐 한 마리 피안인 줄 알고 날아들어도
아무도 관심을 두지 않는 이곳은
사람 사는 냄새 사라진 지 오래

밤 깊어 자리에 눕지만
쉽게 잠들지 못하고 뒤척이는 것은
무사로 가장한 평온이 넘치기 때문이야

거울 속에 비친 내 모습

샤워하다가
거울 속에 비친 내 모습
하, 심란했지

깊어지는 대머리에
검버섯 핀 얼굴에
눈가의 잔주름에
선명해진 팔자 주름에
축 처진 어깨에
탄력 잃은 가슴에
툭 불거진 아랫배
나 맞아?

인정해야 할 세월의 더께이지만
마음만은 시든 꽃이 아니네
아직 쉼표를 찍을 때가 아니네

늦은 밤 흐르는 강물을 보며 웃네

깊은 밤
강가 느티나무 밑에 앉아
순간마다 묻어나는 허우룩함
차가운 캔맥주로 씻으며 강물을 바라보았지

강물은 무엇을 닮으려 애쓰지 않고 묵묵히
멈춘 듯 속으로 흐르고
흐르는 듯 겉으로 멈추며 그대처럼
본 모습은 꼭꼭 숨기고 있었네

한참을 바라보다 시선을 옮기자
별들은 강물 위로 쏟아져 내렸지만
휘영청 밝은 달 속엔 온통 그대 얼굴뿐
눈가에 밤이슬 맺혔지

끝내지 못한 감정 추스르지 못하고
그대 마음 읽을 수 있다는
관심법이나 익혀야겠다고 생각하다가
늦은 밤 흐르는 강물을 보며 웃네

보슬비 내리는 날의 산행

보슬비 맞으며 떠나간 그대이기에
궂은비 내리는 날은
환장하게 그립고 그리운 날
안절부절못하다가 차라리 산행을 나서지

오를수록 비와 땀에 젖어 헐떡이다가
산허리에 멈춰 냅다
소리도 질러 보지만
메아리조차 없는 허허로움이 반길 뿐이었어

변함없는 빗줄기에
산정을 더위잡는 는개만
이쯤에서 그만 내려가라 손짓하며
구름 속으로 스며들었지

피어오르던 산안개가 모든 걸 감출 듯
팔 부 능선까지 하얗게 덮이는데
내 그리움만 요지부동이네
햇살은 언제 비출지 몰라

피안이 아닌가 보네

언제부터인지 알 순 없지만
덩굴에 점령당한 담장
높고 경사가 심해
스며들 틈이 없네

그 안에 어떤 꽃이 피고
무슨 새가 울며
함께할 시공은 있는지
도무지 알 수 없네

약해진 시력을 숨기고
무딘 후각을 달래며
담장의 둘레만 돌고 있는
허릅숭이 사내, 나

살랑살랑 명지바람에도
묻어오는 향기 맡을 수 없으니
내가 추구하는 풍경이 아닌가 보네
함께 누릴 피안이 아닌가 보네

며느리배꼽 풀

한 울타리에서 잡풀과 어울려
얼기설기 감고 올라 보지만
좀처럼 좁힐 수 없는 거리
모르는 척 지나치고 마네요

청맹과니인 양 살아가는 현실은
그리운 어머니 얼굴로 가려도
아른거리는 애잔함이 아우성치지만
못 들은 척 지나치고 말고요

온갖 어려움 눈물로 닦는다 해도
입안에 가시만 돋겠지만
세월을 삭이며 내일을 기다릴 뿐
말도 못 하는 척 지나치고 말지요

미워하거나 시기하지 말아요
언젠가 나도 이 고난 이겨내고
새콤달콤한 모습으로 성숙해
며느리배꼽 풀, 이름값 할게요

물소리

떡갈나무 우거진 계곡 길
땀 뻘뻘 오르다 만난 물웅덩이 반가워
개구쟁이 미역 감듯 첨벙!

각질을 뚫고 살 속으로
시원함을 만끽하며 들여다본 물속
물결 따라 출렁이며 일그러지는 발

내 다리가 불구?
아니야. 빛의 굴절도 때로
흉할 때가 있어

한숨 돌리고 주변을 살피는데
그 사이 겁 없는 치어들
쌩쌩 달아나며 놀리네

바람 한 점 땀을 말리며 스쳐도
청량한 물소리 제대로 듣지 못하는
가납사니 한 놈 찾아왔다고

태풍 전야

태풍이 전운처럼 휘감아
미세한 바람도 없는 밤
못난 내 그리움만 일렁이고 있네

손에 꼭 쥐고 가슴에 묻어온 추억들
하나하나 되새기며 꺼내 보다가
마지막 촛불인 양 태워 밝혀야겠지

어둠의 절망 속에 피어난 먼 불빛처럼
오로지 그 빛으로만 이끄는 걸 보니
저기압이 다시 생기를 불어넣나 보네

거센 바람이 마음을 흔들기 전
내게 허락된 그리움이 날아가지 않도록
그대와 함께 읽고 싶은 사랑 시집 펼치네

들림이었지요

들림이었지요
참고 고대하던 들림이었지요
설렘 가득한 들림이었지요

손으로라도 가리지 않고는 감히
바라볼 수 없는 눈부심에 매혹되어
하늘하늘 위로 먼 그대를 향한 여정이었지요

때로는 그림자도 적시지 못하고 방황하다가
동료의 알심 없는 농담에 노을로 스러지거나
아침 이슬로 만족해야 했고요

재수 옴 붙어 뇟보를 만나면
애라, 모르겠다 막 나가는 계명워리처럼
색도 써보고 몸을 부풀려보기도 했지요

그러다가 마침내 기압골의 가장자리
그대가 세상 전부인 양 좇고 어울리다가
때가 무르익으면 빗물로 한 생을 마감하지요

제3부

가을의 말들

가을, 글로 대신하는 말

어느덧 가을의 끄트머리
찾는 이 뜸한 뒷산
자드락길 쉼터 그루터기에 앉아
이 글을 쓰고 있어

부담은 절대 갖지 말고
피곤한 날개를 접은 후
말은 못 하고 글로 대신하는 이 마음
알아주면 고맙겠어

빗물에 젖고 바람에 흔들리며
여름을 이겨낸 곡식의 낟알들처럼
참고 기다리며
사랑하는 법을 배웠어

마음속에 하늘길을 내고
상상의 나래만 좇게 하던 나는 새를 보며
말하는 사랑보다 더
가벼운 사랑도 익혔지

그동안 배우고 익힌 사랑으로
이 가을 그대에게 전하고 싶은 말들
거짓 없고 과장 없이
꾹꾹 눌러 담았어

아직 내 이름 석 자 쓰기 민망해 대신
붉은 단풍과 노란 국화꽃 잎 동봉했어
약소하지만 받아주길 바래
사랑해, 알지?

미모사

올해도 혼자 하는 가을
남아도는 시간을 지우려
낡은 휴대전화 갤러리
사진 모음을 훑어보다가
눈에 띈 미모사 꽃 한 송이
오래전 꽃집 앞을 지나다가 너무 예뻐
허락 없이 몰래 찍은 거였네

사랑의 신화는 차치하고
잎이며 꽃봉오리가
너무나 그댈 닮아서
한때 배경 화면으로 설정해 놓고
늘 연모해 왔는데
언제부터인지 모르게
끝내지 못한 감정으로 숨어 있었지

그 아름답고 슬픈 시절
내가 다가가면 부끄러운 듯
살며시 움츠러들며
고개 숙여 외면하던 그대
끝내 함께하지 못하고 무겁게
가슴 깊이 묻어야 했던 그대
지금도 미모사처럼 살고 있겠지?

조화 장미 한 송이

떨어진 나뭇잎 뒹굴다 멎는
계절의 가장자리
때아닌 장미 한 송이 피어
지나는 느낌이 창백하네

연민의 꼬리라도 잡고 싶겠지만
썩소로 지나치는 사람들뿐인데
무슨 미련이 남아 홀로
붉게 피어 있을까?

호기심에 다가가 보니
조화 장미 한 송이 나를 보며 웃네, 아
진짜 같은 가짜의 철없는 유혹!
안경 바꿀 때가 되었나 봐

설악에서

잘못도 없이 밀려온 가평 설악
그래도 어울려야 산다고
출근하자마자 커피 한 잔
입에도 텁텁하고 속이 쓰렸지

창밖은 사방 엉거주춤한 산
유곽의 여인처럼 온갖 치장으로 유혹하지만
가까이하기엔 너무 먼
무거운 풍경일 뿐

때로는 안개 속에
초라한 몸 숨겨 보지만
쫓기다 덤불 속에 머리만 감춘 꿩처럼
꽁지가 다 보인다는 느낌이었어

말해 주게, 그대여!
나는 언제쯤 꽁지를 완전히 감추고
달곰한 커피 한잔 함께할 수 있는
그대 곁으로 돌아갈 수 있는지?

명심보감을 읽는 시간 1

뒹굴뒹굴 저녁 내내 보던
텔레비전을 껐지만
잠은 이미 마실 중

돌아오기 전까지 무얼 할까 고민하다가
배를 깔고 편안히 누워
명심보감을 펼쳤지

처음엔 수험생처럼 두 눈 부릅뜨고
명심 또 명심
보배로운 거울을 들여다보았어

그러나 내용은 좀처럼 들어오지 않고
행간에 이는 가을바람이
지난날 미처 거둬들이지 못한
주석을 따라 나를 반기네

무시하려 해도 바람은
게 눈 감춘 마파람처럼 끊이지 않네
꼬리에 꼬리를 무네

오히려 내 안의 검은 내가
부지 간에 발한 잡념들과
방생한 지 오래된 기억들까지
낚시에 걸린 물고기처럼 엮이네

미끼에 속지 말아야지 하면서
눈을 비벼보지만
상념은 은빛 비늘을 털며
가볍게 올라오네

아, 명심보감으로는 도저히
막을 수 없어
얼굴을 베개에 묻네!

명심보감을 읽는 시간 2

가을 바다
그곳엔 명심해야 할 문장이나
보감이 될 거울은 존재하지 않네
아무것도 없네
내 안의 젖은 내가 적나라한 모습으로
모래사장에 누워 있을 뿐, 차라리
섬이 될까?
그대를 위한 섬
삶에 지친 그대가 화장도 지우지 않고
내 품에 안겨 맑은 잠을 잘 수 있는
명심할 것도 보감도 없는 섬!
하지만 없네
내 곁엔 그대가 없네
가을 풍경에서조차 나를 피하는 그대
눈물샘 마를 날 없는 나 같은 사람은
누구보다 쉽게 상처를 입고
누구보다 가볍게 소멸한다는 것을
그대여, 조금만 배려해 주오

존재조차 잊게 하는 외딴섬

가방 하나 비켜 멘 사내가
잎이 떨어질 때마다 한 아름씩
고독을 빚어내는 교정을 나서네

낡은 다리를 건너면
가까이하기 힘든 닫힌 시골 성당 앞
키 작은 코스모스 혼자 춤추고

서리 맞은 호박잎 바라보며 담장을 돌아
침묵할 줄 아는 자만 견딜 수 있는
회색 건물 속으로 스며들지

찬 바람 덜컹거리는 원룸이지만
그나마 다행이라며
혼자 하는 저녁 어스름

차가운 초승달 창문에 걸리면
적막이 혼술을 부르는 여기는
존재조차 잊게 하는 외딴섬이야

순백이 불타는 지평선

노을 길을 걷다가
순백이 불타는 지평선을 만나거든
가져온 짐 잠시 내려놓고
꽃과 나무를 배경으로
자세를 취해 보게

지금까지 지나온 길은
내일을 위한 여정이었음을
사진 한 장으로 인증할 수 있으리니
가볍게 찍어 SNS에 올리면
조회 수가 차고 넘칠 거야

그러나 으쓱하지 말게
자랑질은 금물이네
혼자 보고 느끼기 아쉬워 그냥 올렸을 뿐
순백이 불타는 지평선은
내일도 모래도 계속될 거야

합치 냇물

솔모루 아래는 합치 냇물
지레의 물과 강징이의 물이 만나
어우렁더우렁 흐르다가
펑퍼진 물웅덩이 만들어 놓고
쌓아 놓은 넓적한 모래톱

아이들 불러 두꺼비집 만들고
가장자리에 치어들 키우며
여름엔 벌거숭이 미역 감기
겨울엔 코흘리개 썰매장으로
동구 밖 자연 그대로의 놀이터

동무들 다 떠난 늦가을 합치 냇물
이젠 인공으로 끼끗하게 정비되어
옛 모습 지워지고 웃음소리 사라졌지만
명칭만은 남아 있네
추억만은 쟁쟁하네

지평선에 묻네

높은 곳에서부터 밀려와
말갛게 타는 지평선에서 나는
어긋난 사랑이나 되새김질하다가
화복의 들을 호숫가에 풀어놓았네

떨어진 은행잎은 은행잎대로
연인들의 사랑놀이 감으로 남겨 둔 채
벌거벗고 울 겨울나무를 위해
소복까지 마련해 두었지

도토리와 알밤은 따로 모아
다람쥐 일용할 양식으로 저장한 후
들국화 향기에 하던 일 다 맡겨 두고
지평선에 묻네

울긋불긋 꽃과 나무는 왜
그 모습 있는 그대로 보여주면서도
돌아앉은 그대처럼 말이 없는지?
가을, 지평선에 묻네

나이를 먹는다는 거

인생은 여행이고
지나온 길은 얼굴에 투영된다는 말
누가 했지요?

갈수록 검버섯이 느네요
색조의 변화라기보다 생의 이력 같아
마음 한구석이 허전하네요

한때는 거침없었지요
두려움도 미안함도 꺼릴 거 없었지요
그대에게 보여주고 싶어 오히려 당당했지요

하지만 이제 하나하나 소원해지는 것들
나이를 탓하기보다 젊음이 유영할 수 있게
마른 길섶으로 비켜서야 하나 보네요

이런 가을에 혼자라니요?

출렁이는 황금빛 들판이
사랑의 손길을 기다리며
얼싸 좋다 춤을 추고 있네요

질세라 푸르렀던 주변의 나무들
잎들을 추상으로 수놓으며
마음마저 곱게 물들이고 있고요

이런 가을에 혼자라니요?
나를 알아주며 계절을 만끽할 수 있는 동행은
언제 어디서나 가까이에 있지요

인연 맺기 딱 좋은 이 가을
풍성한 결실이 기다리고 있으니
끌리는 이의 이름을 살짝 불러 보세요

마암[1] 1

알았지만 모르는 척
들었지만 못 들은 척
보았지만 못 본 척
마암은 표정이 없네요

말이 화가 되는
절망을 넘어
죄가 되는 현실에서 그저
침묵하고 있네요

씨가 되어 꽃으로 피어날 말
움터 거목이 될 그 말
잡초 하나 없는 절벽에 걸어놓고
오늘도 유구무언이네요

---

1) 마암: 경기 여주 남한강 변의 바위 이름

마암 2

전하고 싶은
말, 말, 말

좋아해, 사랑해
간절히 텔레파시를 보내보지만

못 들은 척
돌아앉는 그대

마음만 녹고 녹이며
깊어지는 가을

강변 그 자리만
굳게 지켜온 마암처럼

이 가벼운 세상
기다림의 자세로 살라 하네요

마암 3

사무친 말들

거침없이 물들이는

가을이 온다면

말과 말 사이

희망이 샘솟아

떠오르는 해처럼

꽃 한 송이 피어나

마암을 수놓을 거야

말 1

단풍이 들자
넘치는 말, 말, 말
그 말속의 말이 고프다

말 2

올가을엔 제발
함부로 말하지 말게
그 말은 곧
부메랑으로 날아와
낙엽을 재촉할 거야

제4부

겨울의 말들

겨울, 약속의 말

산 넘고 물 건너
쉼 없이 달려와
파도 소리가 귓맛을 달래는 바닷가에
가부좌를 틀고 앉아 있어

석양이 하늘을 물들이자
주위는 점점 노을로 가득 차고
푸르던 바다는 기꺼이
윤슬로 화답하고 있네!

갈매기들의 속삭임
모래 속에 묻으며
물비늘 밟고 걸어올 그대를
간절히 마중할 준비 중이지

사랑은 기다림이기에
이젠 그리움만으로 살아야 하겠지만
또다시 순리를 거역할 수 있다면
마무리가 찬란한 겨울 바다로 만나고 싶어

수평선에 걸린 석양이
이해한다는 듯
모나리자의 미소를 짓고 있네!
처음 만났을 때의 그대처럼

아, 가슴의 말로 다짐하는데
이 기다림은 내일도 모래도 계속될 거야
새끼손가락 내밀고
입술 깨물며 약속!

금붕어

며칠 강추위에
꽁꽁
얼어붙은 연못

그 속에 사는 금붕어가 궁금해
얼음 한 조각 떼어 내고
물속을 들여다보았지

어디 숨었는지
금붕어는
그림자조차 보이지 않네

우연을 가장한 만남마저 거부하는 그대처럼
내게 관심이 없나 봐
사랑이 얼었나 봐

내가 녹여야 할 동장군은
금붕어처럼 꽉꽉 숨어
행방이 묘연하네

칠장사에서

갗바치 병혜대사로 인해
안성맞춤 명성을 얻었으니
안성 땅을 지나며
칠장사를 건너뛰면 실례
시간 없어도 꼭 들러야 하지

방향을 잡고 출발했지만
어, 새 길이네! 덕분에
다붓다붓 모여 사는 부도밭도 지나치고
임꺽정과의 인연 이야기도 끝내지 못한 채
곧바로 산문에 들어섰지

경내를 더듬다 보니
끼끗한 나한전
구불구불 아름드리 나옹송을 배경으로
금강 발원지에 아담히 올린
한 폭의 수묵화

안성맞춤 어울리는
조화의 절묘함에 취해
중심을 잡지 못하자
인생은 보이는 것이 전부가 아니라며
성긴 눈발 날리네

굵어지는 눈송이에 지레 겁을 먹고
서둘러 산사를 빠져나오자
병혜대사 함박눈 송이로 손을 흔들고
살아 있는 듯한 임꺽정의 웃음소리
칠현산에 메아리치네

살아가야지

살아가야지
먼 산처럼 살아가야지
화창한 날도 흐린 날도
줏대 없이 잡목만 키우며
잊은 듯 숨어 살아가야지
속속들이 사정을 알지만 모르는 척
척하면 피가 마르지만 어쩔 수 없이
한 시절 살아가야지
무심히 지나는 바람 잔가지를 흔들어
식었던 가슴에 이는 잔잔한 파문
후미진 골짜기에 몰래 쏟아붓고
시치미 뚝 떼며 살아가야지
눈 내리는 겨울이 오면
먼 산부터 차근차근 흰 눈이 덮이고
지평선까지 묻힐 것을 기대하면서
설산의 설인인 듯 그렇게
한세상 살아가야지

반지

우윳빛 철철 넘치던
주변에 흩뿌려도 화수분 같던
그 기념의 날 서로 끼워주며
새끼손가락 걸고 언약한 반지

너무 좋았지
무슨 일이 있어도 빼지 말자며
손가락 일부로 함께해 왔지
사랑해 왔지

그러나 이별 후 찾아드는 허허로움
반지를 닦고 또 닦아 보지만 흐려질 뿐
들머리판 같은 고요가 엄습해 왔어
반지를 빼면 순식간에 지구 밖으로 날아갈 듯한

거역할 수 없는 운명 눈물로 막으며
별똥별처럼 소멸할 인생이지만
반지를 낀 채 눈 덮인 들길로
이별을 달래며 걸어가야 했지

다시 설악에서

몸살만 하다가
짧은 휴가 다 보내고
다시 밀려온 첩첩산중 가평 설악
매서운 바람은 여전했어

몰래 감춰뒀던 온기
흔적 없이 사라졌고
꼬리 짧은 인연조차 소식을 몰라
겉도는 골목에서 또 길을 잃었지

카페와 펜션만 우후죽순 들어서며
포장마차는 사라져
갈 곳도 없는 이곳은
풍경조차 내 편이 아니야

겨우내 그대 머문 자리에는
쓸어 모은 눈만 쌓여
녹기를 주저하는데, 세상은
뜨거운 가슴으로 녹이라 하네

감꽃 목걸이 첫사랑

꽃눈 틔웠을 때
처음 본 그대 모습 정다워
감꽃 목걸이 선물로
내 첫사랑은 시작되었지

땡볕에 늘어진 잎
돌볼 틈도 없이
배꼽만 한 몸 가꾸고 부풀리며
먼산바라기로 보낸 여름이었어

터질 듯 익어 가는 붉은 가을엔
상큼한 말간 미소로
뒤처질 수 없게 성장을 하고
황홀한 재회도 꿈꾸었지

그러나 맨 꼭대기에 자리한 죄로
전짓대의 손길 한 번 느끼지 못하고
정신마저 혼미해지는 시린 겨울밤
내일이면 그만 내려놓을까 봐

눈발 휘날릴 때

눈발 휘날릴 때
묵정밭 지나 산길로 접어드네

뒹구는 낙엽과 내리는 눈이
얼결에 객을 맞이하네

끝내 어울리고 싶지 않은 풍경
저만큼에서 뒤돌아보네

지나온 삶이 탁구공처럼 튀어 오르다가
또르르 눈 속에 묻히는 듯하네

마음을 달래려 내디딘 이 발길
어디쯤에서 멈춰야 하나…?

망설이다가 고개 들어 산정을 보니
함박눈 송이들 하얗게 춤을 추고 있네

죽주산성을 바라보며

오층 석탑 뒤로 바투 자리 잡고
시나브로 퇴색해 가는 죽주산성은
산정을 고스란히 투사의 머리띠처럼
질끈 동여매고 있었지

역사는 승자의 기록이라지만
야사 속 민초들의 함성과 통곡이
겨울 찬바람에 묻어오는 듯해
올라가 답사하고도 싶었네

그러나 과거는 묻고
유적으로만 남은 그 상흔
살피려 눈길을 오른다는 것은
마땅치 않은 흔들리는 수고

눈을 핑계로 바라만 보다가
인연이 다한 여인을 두고 떠나듯
옷깃을 여미며 차에 오르네
뒤 한번 돌아보지 않고 길을 떠나네

짧아진 꼬리

한 해의 짧아진 꼬리를 잡으려
내린 눈과 함께 숲길을 걸었소
미끄러운 인생길을 밟았소

끝없는 이명은 찬바람에 실려 보내고
열병하며 침묵하는 나무들 속으로
눈길을 보냈소

이런 풍경을 위해 그렇게 성장하다 지금은
부끄러운 모습 감추려 세상을 하얗게 덮고
한 해를 마감하나 보오

길은 남았는데 꼬리는 짧고
무뎌진 감각 되살리기 힘드니
청맹과니인 양 돌아설 수밖에

설국

눈이 왔는데도
삶에 겨워 침대 속으로
그루잠에 빠져드는 겨울
뭐, 신나는 일 없을까?
내밀한 음모를 꿈꾸다가
안성맞춤 여행을 떠났지요
지난밤 길 위로 내린 눈은
질주하는 차에 치여
연애 한 번 못 해본 노총각처럼
서러운 눈물로 질척이지만
저 멀리 바라보이는 차창 밖은
감탄이 절로 나는 설경
뒹굴어도 할머니 품처럼
받아줄 눈의 나라
설국!
온 천지가 설국!
백설 공주가 손을 흔드는 듯해
붉은 마음마저 하얘지네요

한번 놀러 와

철을 잊은 채 흐뭇하게
남새와 어울려 놀았어

심은 대로 거두며 나누다 보니
어느덧 푸성귀 자랄 수 없는 겨울

아쉽지만 말끔히 갈아엎고
비닐하우스에 어린 모종 심었지

한겨울에도 푸른 채소 어루만지며
애인 대하듯 사랑하려고 해

계절을 잊게 하는 비닐하우스, 역시
푸성귀들의 피안이야

그대는 간섭하며 잔소리해도 좋아
한번 놀러 와!

요즘은 통 별도 볼 수 없네

논밭에 산모퉁이까지 헐어
전원주택 짓고 새 길 내고
예전 모습 많이 지워졌지만
그래도 전체적인 풍경은 살아 있는 고향

학창 시절 떠나왔지만
부모님 살아생전에는 자주 오가며
고향 사람 만나 안부 걱정하고
사는 얘기로 함께 했던 곳이었지

어느덧 부모님 다 여의고
선산에 모신 후에는 아파트에 갇혀
명절이나 집안 행사에만 겨우 찾는 뜨내기
요즘은 통 별도 볼 수 없네

코끼리도 죽을 때가 되면
자기가 태어난 곳을 찾아간다는데
난 언제쯤 고향 찾아 정착하고
두 다리 쭉 뻗고 쉴 수 있을까?

설날에

내 고향 가는 걸 주저하는 식구들
어르고 달래며
막히는 길 피해
선산발치 형님 댁으로

하룻밤 웃고 떠들다
다음 날 차례 지낸 후
선산에 올라 조상 묘 찾아다니며
성묘하고 나면 땀이 밴 한나절

그때그때 묘의 주인에 대해
이것저것 아는 대로 얘기하지만
젊은 조카들에게는 쇠귀의 경 읽기
내년에 설명해도 같으리

세대 차이를 논하기 전에
시대의 변화를 탓하기 전에
내 가슴 아려옴은
나만의 고루함일까?

바쁜 사람 먼저 내려보내고
묵은 화전 밭 그루터기에 홀로 앉아
고향 마을 조감하다가 습관처럼
핸드폰을 여네

서시

언제부터인지 모르게
내 삶의 일부, 아니
전부가 되어버린
그대 향한 이 마음

눈송이로 내려
옷깃을 스치고
그대 가슴에 자리할 수 있도록
오늘과 내일을 살아야겠네

그러다가 함박눈 내려 쌓이는 날
그 눈 속에 묻힌다 해도
미련 한 점 없도록
사랑 고백해야겠네

무딘 손방의 인연이었지만
그댈 만나 사는 무게 알았으니
다시 태어난다 해도
그대와 함께하고 싶다고

제5부

그리고 못다 한 말들

내 글을 읽어 준다는 거

뿌듯한 일이야
내 생각과 의지가 담겨 있고
내 모습과 채취가 녹아 있는
내 글을 읽어 준다는 거
되게 고마운 일이야

식상하고 진부하며 산만한
때로는 야하기까지 한 내 글을
싫은 내색 하지 않고 짬을 내어
끝까지 읽어 준다는 거
돈독한 관계로 발전할 수 있는
신명 나는 일이야

행간에 숨은 뜻까지 파악하고
이해해 주려 애쓰며
마음마저 알아채고 그때그때
기꺼이 화답해 준다는 거
애인보다 더 뭉클한
지음을 얻은 기분이야!

기시감

헐떡이며 걷고 또 걷다가
높지막한 고갯마루에 오르자
한눈에 들어 온 풍경, 아
낯설지 않네

동내 한가운데 동산 위
거목이 된 느티나무 한 그루
그 옆에 오래된 정자 하나
주변의 논과 밭 푸르고
실개천 건너 언덕바지 위
띄엄띄엄 흩어져 자리한 집들
겨우 차 한 대 다닐 만한
좁다란 마을 길 걷노라면
저만큼 내 살던 집 보이고
울타리 넘어 첫사랑 얼굴 나타날 듯한…

언젠가 살았을 것 같은 이 마을
이름은 뭐였지?

정말 다행이었네

보고 싶지만 망설이고
그러면 안 돼 주저하다가
마침내 주어진 만남의 기회

오랜만에 본 반가운 얼굴
잡은 손의 따스함에
너만의 자태가 묻어나와 또 설렜지

대화 속에 피어나는 예전 같은 미소에
흔들리는 갈등 가까스로 잠재우며
함께하는 분위기 너무 좋았어

미련을 두면 안 되기에
초가 타들어 가는 심정으로
이 순간도 태워지기를 바랐지

사랑이 식지 않았다는 사실 속에서
내 마음 같지 않은 현실을 부정할 수 있어
정말 다행이었네

행복 만들기

지평선에서 함께하고 싶다고
눈물 글썽이다가 마침내 알았다며
쓴 미소 머금고 떠난 사람

가라사니가 부족해
뒷모습만 바라볼 뿐 잡지도 못하고
행복해야 한다는 말도 없이 보냈지

비 꽃을 맞듯 가끔 들려오는 소식은
꽃이 피든 지든 늘 푸른 잎처럼
온새미로 살고 있다는 것

행복은 받는 것도 아니고
주는 것도 아니라
스스로 만드는 것인가 봐

가장 안전한 누리, 삼

흔들리지 말자
혼자라도 불안해하지 말자
이를 앙다물며 버텨보았지만
들판에 홀로 선 나무처럼
의지와는 달리 흔들렸고

둘이 되어 이제 좀 괜찮겠지
외로움은 지났다 싶었는데
사정없이 쏟아지는 시선과
피할 수 없는 입방아에
슬픔을 묻으며 돌아서야 했지

셋이 되자 비로소 끄떡없네
누가 흔들거나 말거나
한 귀로 듣고 한 귀로 흘리며
둘러친 울타리의 미세한 떨림도 없는
어울림과 이룸의 세상
가장 안전한 누리, 삼!

미시감 때문에

갑자기, 어느 날 갑자기
늘 생각하고 써 오던
그리움이라는 말이 왠지 생경해
검색해 보았지만 헷갈렸지

머리 식힘이 필요하겠다 싶어
가끔 들러 멍때리던
조용한 카페를 찾아갔지만
처음 방문한 곳처럼 낯설었어

커피 한 잔 사이에 두고
마주 앉은 여인
한 침대 쓰는 사이인 것도 잊은 채
우물쭈물 묻네

누구, 저를 아, 아시나요?
그러자 돌아오는 대답
나도 나를 잘 모르는데 어떻게 알아?
몰라, 나가!

갈무리를 기다리며

존재만으로 반딧불이 날고
새들도 날개 접던 곳이었는데
비빌 언덕이 좁다며
그대는 떠나갔지요

그 후 여기는
꽃잎이 시들고 이파리도 져
벌 나비도 찾지 않고 묵은 까치집처럼
삭정이만 남았지요

그래도 나는 틈마다 들러
멈출 줄 모르는 눈물샘 부여잡고
퇴색하는 추억 느루 잡으며
기다림의 길을 닦고 있네요

언젠가 그대가 돌아와 미소 지으며
묵은 길 헐어내고
사랑 충만한 새 길로
갈무리해 줄 것을 믿으며

식탁

너볏한 혼수품으로
첫눈에 호감이 가던
어떤 보를 깔고
어떤 꽃을 꽂아도
그대처럼 어울리며 보기 좋던
주방의 중심 식탁

몇 번의 이사에 흠이 가고
꿔다 놓은 보릿자루처럼 잠시
베란다에서 침묵하던 때도
품위를 잃지 않고
먼지만 털면 금방 허허
웃으며 정이 가던 식탁

큰아이 유치원 입학 무렵엔
다탁 겸 책상으로
작은아이 초등학교 입학 후에는
자리만 차지한다고 하여 창고로

이젠 아무 데도 쓸모가 없어
용도폐기!

블로그에 올려 볼까?
스티커를 붙여 내놓을까?
불사를까? 아니면
고려장?
맡은 바 임무에 충실했던 식탁
처분은 쉽지 않네

동굴에서

수억 년 내내
태고의 신비만 쌓아온
천연 석회암 동굴

인간의 능력으로는, 아니
신의 영역에서도 불가능할
숱한 작품들

눈에
사진에 담아보지만
채워지지 않는 갈증

야단스럽기도 참 야단스러운 그 속
보고 또 봐도
형용하기 정말 어렵네

내가 추구하는 이승의 삶은
아무래도 동굴 밖에서
찾아야 할까 봐

山 사람이 되고 싶네

유명한 山
높고 낮은 山
무명의 山

능선까지 유려한 山
계절마다 변하는 山
해마다 성장하는 山

큰 나무 작은 나무 함께하는 山
누구든 허용하는 山
길은 조심스럽게 거부하는 山

그늘 드리운 山
바람 부는 山
죽어 내가 들어갈 山

그런 山과 사귀며
생각하고 느끼며 감탄하는
山 사람이 되고 싶네

가시가 숨어 있었네

울타리 너머에 핀
붉은 장미 한 송이
화려한 자태가 보기 좋아
몰래 숨어들어 가까이 가자
보이기 시작하는 가시
잡을 수 없는 예리함에
바라만 봐야 했지

첫눈에 반해
내 맘에 자리 잡은 그대
애면글면 따라다니고
헤어지기 싫어 머뭇거리다가
하나가 되자 비로소
드러나는 민낯
아, 가시가 숨어 있었네!

버럭

남들에게는 조금 서운해도
까짓것 괜찮다고 호탕하게 웃어넘기며
한잔 걸치고 돌아온 저녁

애정의 잔소리가 귀에 거슬려 순간적으로
그만 못 해, xx!
튀어나온 거칠고 상스러운 말

자기 잘못인 양 등 돌리는 그대, 아차!
감정을 억누르지 못한 내가 바보스러웠지
후회가 몰려들었지

타인에게는 늘 호의적이면서
숨겨놓은 무촌의 영원한 동반자 그대에게는
왜 툭하면 버럭 했나 몰라?

반성문

나는 오늘 또 반성문을 쓰고 있네

아니야
정말 아니야
내 잘못의 원인은 그대 때문이 아니야
전부 내 실수일 뿐

지금까지 살아오면서 무엇 하나
제대로 갈무리하지 못하고
닥치는 대로 가래며
오지랖만 넓혀온 게 문제임을 잘 알아

정리하겠어
가슴에 대못질 쾅쾅하는
슬프고 아름다운 아픔이라 해도
한 점 미련 없이 거둬들이겠어

무의식이 의식이 되는
진정한 삶의 평화를 위해
한 걸음 디딜 때마다 맑은 물이 넘치도록
각성 또 각성하겠어

이렇게 반성문을 쓰고 있는 나
용서해 줄 거지?

하브[2] 바람

손녀가 온다네
딸 같은 예쁜 며느리와 같이
듬직한 아들이 데리고

사랑스러운 손녀야
네 행동 하나하나
말 한마디 한마디 너무 귀여워
하브는 그냥 다 주고 싶어

곱게 곱게 자라다오
기분 상해도 엄마 아빠를 믿고
네가 좋아하는 겨울 왕국 엘사처럼
아프지 말고 예쁘게 예쁘게
흔들리지 말고 착하게 착하게
지금처럼 재롱둥이로 자라다오
하브 바람은 그것뿐이다

---

2) 하브: 말을 배우기 시작한 손녀가 할아버지를 부르는 말.

소풍의 추억

한글도 못 떼고 입학해 처음 간 소풍은 꽃 피고 새 울던 봉곡사 신라 때 유명한 도승이 세웠다고 하는 갈매봉 넘어 쇠락해 가던 절 학교에서 가장 가깝다는 이유로 졸업할 때까지 줄기차게 다니던 곳이었지

조금 먼 현충사는 돈이 들어 안 되고 — 그래, 참 오지게 쌀밥이 그리운 두메산골이었지! 전교생이 손꼽아 그날만 기다렸어 늘 같은 장소였지만 그래도 우리 마음 달떠 무지하게 설레며 소풍을 다녔어

김밥은커녕 꽁보리밥에 짠지가 전부인 도시락 어깨에 걸머메고 두어 시간 걸어 도착하면 조용하던 절은 오랜만에 활기를 띠고 불목하니 한 분 혹시라도 부처님이 우리와 놀아날까 동분서주했었지

기다리던 보물찾기가 시작되면 대웅전 뒤 빽빽한 대나무 숲은 대낮인데도 접근하기가 어려웠고 — 그때

그곳에 숨겨놓은 보물은 아직도 우리를 기다리고 있을까? 찾다가 못 찾으면 오락 시간에 노래라도 불러 노트 한 권 상으로 받아 돌아오는 길 신이 났었지

강산이 몇 번이나 바뀌고 소풍의 추억도 스러져가는 지금 그곳에 다시 가보고 싶네!

오 형제 고갯길의 전설

강장리 방텃골에서 시작되는 봉수산 큰골
그 초입에는 고목이 된 고욤나무 한 그루
그 나무 위에는 낡은 까치집
그 나무 아래는 맥문동 지천인 언덕바지 집터
전설은 바로 거기서부터 시작되었지

큰골은 여름 한낮에도 냉기가 돌고
호환에 산적까지 출몰한다고 하여
인근 사람들 가슴 가슴마다
소도(蘇塗)처럼 출입 금지 푯말이
항상 따라다니던 곳이었어

그 으스스한 곳을 피해 뾰족산 능선을 타고
대술로 넘어가는 새로운 고갯길이
큰골 초입에 살았던 다섯 형제의 도움으로
아니, 희생으로 만들어졌다 하여
오 형제 고개로 명명되었지

처음 고개를 닦으러 간 맏이가 돌아오지 않았어
형을 찾고 고개를 닦으러 간 둘째도 소식이 없었지
두 형을 찾고 고개를 닦으러 간 셋째도 감감무소식
세 형을 찾고 고개를 닦으러 간 넷째도 감감소식
네 형을 찾고 고개를 닦으러 간 막내까지 끝내 돌아오
지 않았어

누구는 호환을 당했을 거라 하고
누구는 산적이 되었을 거라 하며
흉흉한 소문만 인근에 자자했지만
그렇게 풍문의 세월만 흐를 뿐
아무도 본 사람은 없었지

소식 없는 아들들을 기다리던 할머니 한 분
소문은 아랑곳하지 않고
서리 맞은 고욤 같은 입술 오물거리며
먼산바라기만 하다가 돌아가신 후
텅 빈 집은 시나브로 허물어져 갔어

초여름 까치 한 쌍
그 고욤나무 위에 새 둥지를 틀고
새끼를 키운 것을 마지막으로
이 이야기는 오 형제 고갯길의 전설로
인근에 회자하여 오고 있네